09/06/2016

SONNENAUFSTAND

KERBER PHOTO ART

MARCUS WICHMANN

SONNEN

——————— 70 Tage Tag in Tromsø

AUFSTAND

til Sandra

INHALT

───── Beleuchtung

7 Besuchszeiten
8 Löschen
9 Phlegma
10 Tupfenkleid I
11 Waldbeere-Nuss
12 Sirkeltrening
14 Vertäut
15 Gedehnte Sekunde
16 Parabel
17 Dünung
18 Mischung
19 Jernbanestasjon
20 Sforzato
22 Pflücken
23 Happen
24 Sacré-Cœur
26 Inneres Feuer
27 Umgebungstemperatur
28 Fluchtweg
29 Scheu
31 MS Nordlys
32 Troll
33 Blå Rock Café
35 Gruppenbild
36 16:30 Uhr
37 Farbcode 143
38 Teilen
41 Loop
42 Tupfenkleid II
43 Flugfeld
44 Eifer
46 Aufgedrehte Sonne

───── Belichtung

49 Fotografien

Beleuchtung

BESUCHSZEITEN

──────────── Wenn das nordwärts fahrende Postschiff die Südspitze der Insel Tromsøya erreicht, lässt der Kapitän das Signalhorn tuten. Drei lang gezogene Töne. Beeindruckend pünktlich. Immer um 14:30 Uhr. An 365 Tagen im Jahr. Das Tuten ist laut. Es dringt auch durch geschlossene Fenster und Türen in die Häuser hinein. Zwischen alten und neuen, größeren Schiffen ist kein Unterschied zu hören, was Lautstärke und Klangfarbe betrifft. Hauptsache es ist da, das Schiff. Vielleicht mit lang erwarteter Post. Lang vermissten Passagieren. Ein akustischer Fixpunkt im Tagesablauf der Stadt Tromsø. Dieses selbstbewusste Signal: Ich bin's. Mir geht's gut. Kümmert euch um mich.

LÖSCHEN

——————— Die Broschüre ›I like Tromsø!‹, ausgelegt in der *turistinformasjon*, nennt 20 Kneipen und Bars in Tromsø. Ebenso viele fehlen darin. In Reiseführern ist zu lesen, Tromsø habe die höchste Kneipendichte pro Kopf in Norwegen. Oft wird dieser Superlativ auf ganz Europa ausgeweitet. Tromsø ist reich an Superlativen: die nördlichste Universität, die nördlichste Seilbahn, die nördlichste Brauerei. Hinter den Kneipen, die das nördlichste Bier der Welt ausschenken, wachsen Hotels. Während die Kneipen in alten Holzhäusern mit Giebeldächern unterkommen, zwei bis drei Stockwerke hoch, drängen die Hotels in die Höhe. Das jüngste ist auch das höchste und bringt es auf zwölf Stockwerke. Holz als Baumaterial wird der Vergangenheit überlassen. Die Materialien der Gegenwart sind Glas, Stahl, Beton. Es wird weiterhin mit Funkenflug gerechnet. Manchmal beherbergt ein Hotel eine Kneipe. Sie heißt dann Bar. Das Grand Hotel und das Scandic Ishavshotel haben eine Bar. Ansonsten geht man von seinem Hotel in die Kneipe gegenüber. Das ist nicht weit. Im Inneren der kleinen Holzhäuser sind die Kneipen überraschend geräumig. Fast immer wird das ganze Haus genutzt. In den Kneipen ist viel Bewegung, ein Rauf und Runter, das erst einmal irritiert. Das Rauf und Runter und Schieben hat neben den Stockwerken und den schmalen Treppen auch etwas mit dem nördlichsten Bier der Welt zu tun. Denn im Erdgeschoss sind die Theken. Und dort wird in Norwegen bestellt.

PHLEGMA

——————— Der dicke Nachbar ist gar nicht so dick. Seine blonden Haare trägt er mittellang. Der Bart macht ihn nicht älter. Im Sommer überrascht er mit Kurzhaarfrisur und abrasiertem Bart. Im Winter stapft er morgens zu seinem Auto. In Eile. Das zeigt sein vorgebeugter Oberkörper. Nur eine Geste der Hast. Schnell geht er nicht. Meinen Gruß erwidert er überrascht. Er ist mit seinen Gedanken woanders. Vielleicht bei der Arbeit, wo sich die Aufgaben auf seinem Schreibtisch türmen. Wie die Schneewehe, die der Pflug des Räumdienstes aufgetürmt hat. Doch sein alter Geländewagen überwindet das Hindernis stoisch. Die Karosserie und darin der Kopf des Nachbarn wackeln nur leicht. Die langen Federwege übernehmen die Hubarbeit. Anfangs habe ich frühmorgens auch seinen Stellplatz freigeschippt. Ob er das fehlende Rumpeln bemerkt hat?

TUPFENKLEID I

――――――― Die Bremsen quietschen. Quietschen unverschämt laut. Salz und Korrosion. Die junge Frau hat es nicht gehört. Oder nicht gestört. Manche Passanten drehen sich um. Begutachten Auto und Fahrer. Mich. Diesen Blicken standzuhalten kostet Überwindung. Die Frau geht die abschüssige Elvegata hinunter Richtung Brücke. Der Gehweg ist mit einer Eisschicht überzogen, normal für Tromsøer Gehwege im Winter. Bis auf die Storgata. Sie ist beheizt. Fußgängerzone. Die Frau und ich im Auto, wir bewegen uns in die gleiche Richtung. Auch gleich schnell. Denn die Autoschlange, in der ich fahre, nähert sich einem Kreisverkehr. Unter dem olivgrünen Parka der Frau lugt ein weißes Kleid mit schwarzen Punkten hervor. Die Punkte sind groß, haben einen Durchmesser von etwa zehn Zentimetern. Die Autos kommen vor dem Kreisverkehr zum Stehen und ich blicke wieder nach rechts. Der Gehweg ist leer. Auf den außen liegenden Treppen eines großen Wohnblocks entdecke ich die Frau. Schon ist sie im zweiten Stock. Die Autoschlange setzt sich in Bewegung. Kurz stockt es, ich bremse und quietsche. Die Frau schaut nicht nach unten. Die schwarze Punktreihe strebt entschlossen den grauen Gang entlang und verschwindet in der drittletzten Tür.

WALDBEERE-NUSS

──────────────── Kjetil streift seine Umhängetasche ab und stellt sie in den Schnee. Die Neigung unseres Stellplatzes ist mit dem Auge kaum wahrnehmbar. Für das Auto unüberwindbar. Haltlos drehen die Räder durch. Undankbar. Eine Stunde lang habe ich Schnee um das Auto herum weggeschippt, den vom Schneepflug aufgetürmten Wall hinter dem Auto abgetragen, das festgedrückte Eis mit der Hacke zertrümmert, so lange, bis Asphalt schwarz durchschimmerte. Doch auch wohlmeinende Sorgfalt kann die Reifen nicht besänftigen. Untergelegte Äste und Fußmatten werden wutschnaubend weggeschleudert. Jedem Anfall, dem Aufheulen des Motors, dem Durchdrehen der Räder folgt eine erschöpfte Stille. Asphalt und Eis glänzen erhitzt. Es riecht nach Gummi. Kjetil hat die Mühen mitbekommen. Er bestückt die Briefkästen der John Giævers gate. In absteigender Reihenfolge der Hausnummern. Wir wohnen in Hausnummer 3. Ich grüße. Und da nimmt er die Umhängetasche ab. Wortlos bedeutet er: Darf ich? Ich nicke: Bitte, gern. Im Auto hält er kurz inne, lässt den Motor an und mit einem Sprung setzt er das Auto nach hinten. So verdutzt wie ich: die Reifen. Keine Zeit zum Durchdrehen. Ein beherzter Gasstoß, die schnalzende Kupplung und der Patient ist überrumpelt:

Das war's schon? Meinem Auto nehme ich sein parteiisches Verhalten übel. Kjetil schnappt sich seine Tasche. Tief in meiner Jacke erfühle ich einen Müsliriegel. Im Überschwang strecke ich ihn Kjetil entgegen. Irritiert steckt er ihn ein.

SIRKELTRENING

———————————— Im Trainingsraum ist es kühl. Der Blick auf den Fjord und den Berg Tromsdalstind entschädigt. Die roten Autorücklichter bewegen sich über die Brücke hinüber zum Festland. Die weißen Scheinwerfer auf mich zu. Außer mir schaut niemand aus dem Fenster. Auf dem Boden, einem Kunststoff, der Turnschuhsohlen quietschen lässt, liegen häufchenweise Trainingsgeräte. Verteilt auf 15 Stationen. Ein Parcours. Hinter jedem Gerät liegt eine blaue Matte. Morten komplettiert den Kreis mit einer Matte. Sie rollt sich zeitlupenartig langsam von alleine auf. Ich suche Blickkontakt zu den anderen Kursteilnehmern und lächle. Sie lächeln zurück. Die zielsicheren Bewegungen, wie sie ihre Mattenplätze einnehmen, zeigen mir: regelmäßige Teilnehmer, allesamt. Morten begrüßt uns. Dabei wechselt er, mir zuliebe, zwischen Norwegisch und Englisch. Ich will seine Höflichkeit durch konzentrierte Mitarbeit erwidern. Dabei gehe ich es zu schnell an. Die Übungen sind anstrengend. Während jeder Übung schaue ich nach links zu Olaug, meiner Nachbarin, um mir schon einen Eindruck von der nächsten Übung zu verschaffen. Um nicht durch Umständlichkeit beim Wechsel der Geräte meinen Nachfolger, Lars, aufzuhalten. Olaug erklärt mir beim Gerätewechsel die neue Übung. Das ist lieb gemeint, bringt sie aber nicht in den Genuss der vollen Trainingszeit. Dennoch strengt so eine Anleitung natürlich an. Immer wieder guckt sie zu mir rüber, ob ich die Übung auch beherrsche. Aus Dankbarkeit, Höflichkeit und um ihre Hilfsbereitschaft nicht noch mehr zu beanspruchen, führe ich die Übungen schulbuchmäßig und hoch konzentriert aus. Olaug scheint in vergleichbare Gedanken verstrickt. Auch in der zweiten Trainingsrunde führt sie mir alle Übungen vor, bevor sie, hektisch, selbst loslegt. Olaug und ich schwitzen jetzt stark. In der dritten und letzten Runde wirkt Olaug sehr erschöpft. Die Zusatzaufgabe Vorturnen-für-neuen-Teilnehmer-aus-Deutschland hat sie mitgenommen. Um ihr meine Verbundenheit zu zeigen, lächle ich sie bei jeder Gelegenheit an und streiche solidarisch in einer vielleicht zu theatralischen Geste den Schweiß von meiner Stirn.

VERTÄUT

——————— Die Fähren auf die Insel Tromsøya fuhren 1960 zum letzten Mal. Eine Brücke machte die Arbeit der Fährleute überflüssig. Ein 1036 Meter langes Asphaltband, gestützt auf 90 Säulen. Damals die längste Spannbetonbrücke Norwegens. Doch schmal und zerbrechlich wirkt die Konstruktion von hier oben, der Aussichtsplattform der Fjellheisenbahn. An ihrem Scheitelpunkt misst die Brücke 38 Meter. Zu niedrig für die Kreuzfahrtschiffe. Niemand rechnete 1960 in Tromsø mit so großen Schiffen. Heute schlüpfen die neuen Schiffe der Hurtigrute gerade so hindurch, während die Kreuzfahrtschiffe im Industriehafen im Norden der Stadt anlegen müssen. Busse umschwärmen dort die schwimmenden Städte und fahren die Passagiere in die Innenstadt. Oder eben auch über die Brücke zur Fjellheisenbahn. Für den Autoverkehr ist die Brücke ein Nadelöhr. Ihre Steigung wird im Winter den Autos, Bussen und Lkw zum Hindernis. Die Fahrspuren: schmal und ohne Trennung der Richtungen. Und deshalb grub man einen Tunnel unter dem Sund hindurch. Einen Tunnel, der Festland und Insel verbindet. Das war in den 1990er-Jahren. Die Insel wurde gleich mit untertunnelt. In Nord-Süd- und Ost-West-Richtung. Die Kreuzungspunkte der Tunnelachsen sind Kreisverkehre. Die

Autos fahren über die Brücke und verschwinden, kaum haben sie die Insel erreicht, im Tunnel. Von hier oben gleicht das einer Infusion. Der Schlauch, die Brücke, vorsichtig gekrümmt.

GEDEHNTE SEKUNDE

——————————— Ein lautloses Gleiten. Die Straße spiegelglatt. Der Wagen vor uns: Er sollte nicht anhalten. Wird ihm gelingen, was uns nicht gelingt? Ja. Das Auto bleibt stehen. Drei Wagenlängen voraus. Es bleiben also Weg und Zeit, es ihm gleichzutun. Doch das denke ich mutlos, ohne feste Überzeugung. Mein Fuß steht fest auf der Bremse. Die Geschwindigkeit bleibt gleich. Nimmt nicht zu, aber auch nicht ab. Nicht schnell rutschen wir, rutschen auf das Auto drauf. Von dessen Anhängerkupplung hüpfen wir zwei Meter zurück, den Berg hinauf. Ein überraschender Effekt. Ebenso für unser Auto: Es bleibt stehen. Die Delle im Stoßfänger ist von makelloser Form. Kreisrund. Wie der Abdruck einer Kugel in weichem Ton. Sandra meint, ein Andenken an Tromsø. Ich erwidere nichts. Die Reparatur zurück in Deutschland wird 500 Euro kosten.

PARABEL

———— Nebel fällt ein in den Sørfjord. Vielleicht wie vor 69 Jahren. Die Berge verschwinden. Das Grau des Wassers wird zu Schwarz. Kommt der Wind nicht direkt aus Norden, erreicht er kaum das Örtchen Sjursnes, 30 Kilometer fjordeinwärts. Die Schneeflocken werden vom Meer eingesogen. Es scheint, als verlören sie bereits vor der Wasseroberfläche ihr Weiß. Ob die Granate beim Eintauchen in den Fjord bemerkt worden ist? Grau in grau. Ihren Flug hat sicher niemand gehört. Den Abschuss auch nicht. Der war 40 Kilometer entfernt. Südwestlich von Tromsø, bei der flachen Insel Håkøya. Die Granate flog zwei Minuten lang. Zuerst über die Insel Tromsøya mit Tromsø und dann über den Tromsøysund. Der Tromsdalstind mit seiner halbrund ausgekehlten Westflanke ragte vor ihr auf, machte sich groß, streckte sich. Eine imposante Erscheinung. Doch nicht hoch genug für die fliehende Granate. Ganz sicher eine Enttäuschung für den Tromsdalstind. Das Tal jenseits des Tromsdalstinds ist karg und kaum besiedelt. Niemand dürfte hier die oben in den Wolken fliegende Granate gesehen haben. Dann stellten sich ihr neue Berge in den Weg. Da ist der Hamperokken. Noch höher als der Tromsdalstind. 1400 Meter. Genau 1404 Meter. Da legt er Wert drauf. Der höchste Berg in der Region Troms. Kein

Hindernis. Ebenso wenig Namdalfjellet, Tverrfjellet und schließlich der Sjursnestind. Wäre er ein paar Meter höher geraten, sein Granit hätte die Granate verschluckt. Doch sie überwand ihn, gerade so, bereits im Stürzen begriffen. Gewicht, Abschuss- und Einschlagort ergeben eine berechenbare Kurve. Und als die Nebelwolken unter der Granate aufrissen, kam Sjursnes ins Bild. 15 bis 20 Holzhäuser mit ebenso vielen Booten an ebenso vielen Stegen. Die Granate schlug am Ufer ein. Verletzte niemanden. Bohrte sich in den Schlamm. Explodierte nicht. Aus Erschöpfung.

DÜNUNG

———— Das Boot sinkt ins Wellental. Den Fischer hebt es empor. Seine beiden Gaffs wirbeln durch die Luft, drohen über Bord zu gehen. Eines scheint verloren. Mit Glück bleibt ihm das zweite. Rot hat der Fischer die Reling lackiert. Darunter einen Streifen in Weiß. Der Bootsrumpf ist dunkelgrau, das Fischernetz aus grünem Garn. Es tanzt auf den Wellen, Schaumstoffschwimmer halten es über Wasser. Doch reichlich verwickelt ist es. Der Fischer ist dabei, es einzuholen. Wieder hebt ihn eine Welle hinauf. Noch höher als sein Boot. Der Südwester auf seinem Kopf leuchtet gelb, die Gummihose orange. Sein Bart blitzt silbergrau im dunkel gebräunten Gesicht. Ich mache mir keine Sorgen um ihn. Er wirkt gelassen. Er hebt die Arme, streckt sie, Gleichgewicht suchend, nach links und rechts aus. Sein ganzer Rumpf ist voller Körperspannung. Und da ist plötzlich die Katze. Weißes Fell. Mit einem Sprung vom Vordach gibt sie die Tarnung des Schnees auf, nutzt die Reling des Fischerbootreliefs an der Hauswand und landet weich auf der Straße. Der Fischer verharrt in der Luft.

MISCHUNG

──────── Waffel mit Marmelade. Der dazu angebotenen dicken Sahne, *fløte*, traue ich nicht recht. Die Nachfahren der Wikinger essen gern süß. Scharfes, zum Beispiel Peperoni im Glas, findet sich im Supermarkt selten. Idun hat vier Senfsorten im Programm: süß, wenig scharf, scharf, extra scharf. Die Etiketten sind grün, blau, gelb und rot. Letzteres mit Warnhinweis. Vorsichtig probiere ich mich durch die Farben. Alle vier sind süß und die Schärfeunterschiede gering. Zurück zur Waffel. Eines Tages siegt Neugier über Gewohnheit. Ich greife zu *fløte*, diesem Mittelding zwischen Sahne und Crème fraîche. Marmelade und *fløte* mische ich auf der Waffel zu einem Rosarot. Es schmeckt sehr gut. In konzentrierter Gier, doch ohne Hast, esse ich die Waffel. Zusammengerollt, ohne Besteck, ohne Pause. Mit der zweiten und dritten verfahre ich genauso. Sie sollen ja nicht durchweichen.

JERNBANESTASJON

——————— Die acht ausrangierten Zugabteilbänke stehen Rücken an Rücken. Design, Material, Patina: Ich schätze, sie stammen aus den 1950er-Jahren. Auf Holzkisten in der Mitte jedes ›Abteils‹ stehen Schälchen mit Erdnüssen und unsere Biergläser. Auf dem dunkelroten Kunstleder der Bänke kann man gut vorrutschen, nach Bier und Erdnüssen greifen. Die Kneipe heißt übersetzt Bahnhof. Ein Gag. Tromsø besitzt keinen Bahnhof. Das Eisenbahnnetz Norwegens endet in Bodø, 300 Kilometer südlich. Doch eine Bahnhofskneipe hat

Tromsø. Bei uns im ›Abteil‹ sitzt Henrik. Er fährt den Bus der Linie 20. Selten auch mal den 42er. Sein Bier trinkt er genussvoll, ohne Hast. Aus hellen Augen schaut er mich an. Er schwärmt von seinem neuen Bus. Der Fahrersitz hat es ihm angetan, das Cockpit insgesamt. Auch die Fahrgäste seien, so Henrik, voll des Lobes. Wobei die Hybridtechnik für Tromsø problematisch sei. Das sagt Henrik erst drei Bier später. Sein Bus komme aus Schweden. In Stuttgart sei er noch nicht gewesen. Busherstellerstadt. Doch. Sie würde ihn interessieren.

SFORZATO

———— 15 bis 20 Besucher verteilen sich im Schiff der Eismeerkathedrale. Hell ist es. Durch die hohen schmalen Fensteröffnungen fällt viel Licht. Fast alle Besucher sitzen paarweise, im größtmöglichen Abstand zueinander. Neuankömmlinge, die einen Platz suchen, werden beobachtet. Nur aus den Augenwinkeln, kein Kopf wird bewegt. Diejenigen, die mit dem Rücken zum Eingang sitzen, wirken angespannt, wenn sie Bewegung hinter sich spüren. Ihre Körper lockern sich erst, wenn die

Platzsuchenden durch den Gang an ihnen vorbei sind. Jetzt können deren weitere Handlungen begutachtet werden. Die Bankreihen in der Mitte, mit Blick auf den Altar, flankieren zwei Reihen an den Seiten. Unbeliebte Plätze. Man muss den Kopf entweder zum Altar oder zur Empore mit der Orgel hindrehen. Doch in unserem Rücken bewegt sich nichts. Die Orgelpfeifen staffeln sich der Höhe nach, bilden ein Dreieck. Gleichwinklig wie das Dreieck des Kirchendachs. Der Wert eines Programmhefts ist augenfällig. Ich sehe niemanden, der nicht darin blättert. Sorgfältig wird das schmale Faltblatt studiert. Viel Text bietet es nicht. Die Lektüre kann nicht die Zeit beanspruchen, die aufgewendet wird. Ich schaue durch die große dreieckige Fensterfront hinter der Orgelempore. Dahinter ein schönes Bild, auch dreigeteilt: der blaue Himmel, der weiße Schnee auf dem Höhenzug der Stadt, der schwarze Fjord. Das Konzert hat begonnen. Vier Stücke werden wir hören. Das Konzert dauert nur eine halbe Stunde. Ich blicke umher. Bin nicht bei der Sache. Einigen Zuhörern geht es ebenso. Wir verlieren uns nicht im Musikgenuss. Das Holz der Bank drückt ins Bewusstsein. Am Unterarm wird ein vernachlässigbares Jucken bekratzt. Der Zustand musikalischer Kontemplation wird nicht erreicht. Nicht eingelöst von der Organistin? Blättern im Programmheft, erneutes Lesen ihres weiterhin unbekannten

Namens. Da beginnt das letzte Stück. Und wie. Alle Orgelpfeifen geben Vollgas. Kein Tuten oder Tröten, ein Orkan. Die Rache der Organistin. Kein Weckruf, ein Weckschrei. Und vorbei. Nachbeben im Gehör. In den Nachhall der Orgelpfeifen flötet scheu das sonst als so forsch empfundene Horn der Hurtigrute. Im Programmheft steht es: Konzertende um 14:30 Uhr. Zum dritten und letzten Mal tutet der Kapitän vom Meer. Die Empore schweigt.

PFLÜCKEN

——————— Der Fisch misst vielleicht 30 Zentimeter. Ein junger Dorsch. Die Pfütze ist fünfmal so groß. Der Dorsch steht ganz ruhig darin. Still steht auch das kleine Mädchen vor der Pfütze. Dann bückt sie sich und greift ins Wasser. Geschmeidig nutzt der Dorsch den knappen Raum seines Gefängnisses, um den Händen zu entwischen. Das war nicht der erste Fangversuch des Mädchens. Sie vollführt ihn mit verhaltenem Eifer. Eine Vorführung für uns. Die Ebbe hat auf den Felsen am Straumsfjord diese Gumpe gefüllt hinterlassen. Sechs Stunden muss der Dorsch noch ausharren und das Meer umschließt ihn wieder. »Willst du den Fisch ins Meer zurückbringen?«, fragen wir. »Nein«, antwortet sie. »Papa macht doch gerade Feuer.«

HAPPEN

——— Ich habe keine Frühlingsrolle probiert. Der Klapptisch steht am äußersten Eck des Marktplatzes. Ein Schirm spannt sich über drei Töpfe. Schnee, Regen, Möwendreck fallen hier nicht hinein. Das Tischchen ist klein: 80 mal 120 Zentimeter. Drei Asiatinnen stehen dahinter. An manchen Tagen mit dem Rücken zu den Fußgängern auf der Storgata — an anderen richten sie ihren Stand zur Storgata hin aus. Das System bleibt mir verborgen. Ich könnte nachfragen. Anlass, eine Frühlingsrolle zu kaufen. Sicher würde sie schmecken. Neben den Asiatinnen hinter dem Tisch geht eine vierte auf der Storgata auf und ab. Sie spricht Passanten an, macht Werbung für Frühlingsrollen, deutet auf das Tischchen. Im April hat sie noch beide Hände frei. Im Mai trägt sie auf einem Pappteller eine Frühlingsrolle herum. Die Musterfrühlingsrolle ist ein Erfolg. Oder es ist den Tromsøern ab Mai mehr nach Frühlingsrolle zumute. Oder es gibt ab Mai mehr Touristen in Tromsø. Ich sehe viele Touristen: deutsche Touristen in ihrer Outdoorbekleidung, die der Frühlingsrolle ihr Vertrauen schenken. Mehr als den Fischbrötchen am zweiten Essensstand auf dem Marktplatz. Diagonal entfernt vom Frühlingsrollenklapptisch.

SACRÉ-CŒUR

─────────── So schleichend die Dunkelheit aus Tromsø verschwindet, so schleichend nimmt die Zahl der Touristen zu. Der Radius, den die gruppenweise die Stadt erkundenden Besucher durchstreifen, liegt bei etwa drei Kilometern. Den Mittelpunkt bildet das Hurtigrutenschiff, vertäut am Hurtigrutenkai, dem Epizentrum der Stadtschwärmer. In den vier Stunden Aufenthalt auf dem Weg in den Norden ist das Schiff verwaist. Schon während des Anlegemanövers stehen die Passagiere an der Reling. Ihre Unruhe zeigt ihre Unternehmungslust. Busse stehen parat, den Drang auch zu entlegeneren Sehenswürdigkeiten zu befriedigen. Eismeerkathedrale, Polarmuseum und Fjellheisenbahn. Alle

Passagiere sind gut ausgerüstet für den Landgang. Sie tragen bunte Outdoorbekleidung. Viele Taschen sind an Jacken und Hosen aufgenäht. Zusätzlich werden Rucksäcke geschultert. Die Rucksäcke sind prall gefüllt. Neben Zusatzkleidung mit Proviant. Wenn Gruppen bei einer Rast stehen bleiben, vor Museen oder Kirchen, wird oft gegessen. Dem jederzeit erwarteten Regen wird mit Mützen, Kapuzen und Schirmen begegnet. In einem deutschen Reiseführer lese ich: Die Pferde auf den Straßen von Tromsø würden vor demjenigen scheuen, der keinen Regenschirm trägt. Eine schöne Anekdote. Leider falsch. Und nicht nur, weil keine Pferde mehr unterwegs sind. Die Geschichte gehört zu Bergen in Fjordnorwegen. Dort, in der regenreichsten Stadt Europas, haben Schirme Tradition. In Tromsø hingegen sieht man sie selten. Zu viel Wind. Und viel weniger Regen als in Bergen. Der Blick in die Gesichter der Schiffsreisenden verrät konzentrierte Zielstrebigkeit. Als verfolgten sie einen strategischen Plan bei ihrer Landerkundung. Was ich an ihnen schwer erkenne: ob ihnen Tromsø gefällt. In den Reiseführern ist gern die Rede von Tromsø als ›Paris des Nordens‹. Mir scheint, die Verlage schreiben diese klingende Metapher voneinander ab. Vielleicht grübeln die Touristen über den Vergleich und sind enttäuscht, dass nichts und niemand ihnen die Lösung liefert. Ich kann auch nicht helfen.

INNERES FEUER

──────────── Aufstieg zum Tromsdalstind. Die Aussicht wäre spektakulär. Im Westen zum offenen Meer. Im Osten zu den Gletschern der Lyngenalpen. Deren höchster Berg hat einen samischen Namen: Jiekkevárri. Auch ihn verschluckt heute der Nebel. Den Gipfel des Tromsdalstinds markiert ein aus Steinen aufgetürmter Zylinder. Drei Meter Durchmesser und ebenso hoch. Gut im Nebel. Womöglich hätten wir gezweifelt, auf dem Gipfel zu sein. Wir sind nicht allein. Der Wind trägt den melodischen Klang des Norwegischen zu uns herüber. Es wird auf der Rückseite des Steinzylinders gesprochen. Männliche und weibliche Stimmen durchmischen sich. Ein wenig unschlüssig stehen wir da. Die fehlende Bewegung lässt uns frieren. Wir ziehen die Mützen ins Gesicht und die Reißverschlüsse unserer Anoraks zu. Der Wind bläst aus allen Richtungen, als wolle er uns wieder hinunterblasen. Ich überdenke Für und Wider von Rast und sofortigem Abstieg. Zuvor zeigen wir uns den anderen Gipfelgästen. Drei Männer und drei Frauen begrüßen uns freundlich, doch ohne Neugier. Stimmen bekommen Gestalt. Hier klingen sie sogar ein wenig leiser. Der Wind hatte sie uns vorhin zugetragen und trägt jetzt die Hoffnung auf geschütztere Verhältnisse hinweg. Und wir erleben das andere Kälteempfinden der Einheimischen: Die Gruppe sitzt in T-Shirts auf dem Gipfel. Einer der jungen Männer hat außer Wanderschuhen und kurzen Hosen gar nichts an. Sein nackter Oberkörper leuchtet hell im Grau der Felsen. Jetzt lehnt er sich an den Zylinder aus Stein. Ganz entspannt. Seine Haut glänzt. Vom Nebel.

UMGEBUNGSTEMPERATUR

———————————————— Zwei Männer liegen im Whirlpool auf dem obersten Deck der MS Midnatsol. Die MS Midnatsol ankert in Tromsø am Hurtigrutenkai. Wir sind auf ein Bier auf dem Schiff. Auf seiner Fahrt vom Nordkap in den Süden macht es für zwei Stunden Halt in der Stadt. Von null Uhr bis zwei Uhr früh. Die Namensgeberin färbt den Tromsdalstind hinter der MS Midnatsol rosarot. Die beiden Männer prosten uns zu. Ein dickes Tau umrundet den Whirlpool. Es hängt schwer über Edelstahlstützen. Keiner soll unbeabsichtigt in das sprudelnde Wasser stolpern. Wir stellen uns an diese Reling und plaudern ein wenig. »Seit wann sitzt ihr in dem Pool?« »Seit Skjervøy«, antworten sie. Eine Fahrt von viereinhalb Stunden.

FLUCHTWEG

──────── Die Maisonne hellt das Grau des Fjords auf und lässt die Uferfelsen glänzen. Die Knospen der kurz und krumm gewachsenen Birken sind ein, zwei Millimeter lang. Aus der Nähe kaum vom Braun der Äste zu unterscheiden. Aus der Entfernung malen sie ein helles Grün auf die Hänge. Grün leuchtender Staub. Ich gehe am Straßenrand. Links Fjord, rechts Berg. Das Auto parkt hinter der nächsten Kurve. Sicher brechen Zweige, wenn eine Elchkuh mit ihrem Kalb durchs Unterholz flieht. Ich höre nichts. Registriere aber eine Bewegung. Lautlos, ohne Kontur. Auf der Straße verlieren die Tiere den Schutz ihrer Tarnung. Auch ihr Lauf wirkt verwundbar. Der Eindruck einer Flucht in Zeitlupe. Der Oberkörper ruhig, die langen Beine ausholend vorgeschleudert. Weiche Bewegung, niedrige Schrittfrequenz, enorme Schrittlänge. Die Tiere wechseln auf meine Straßenseite. In der Nachbetrachtung der Ereignisse rekonstruiere ich: Der Straßengraben auf ihrer Seite fällt abrupt ab. Greifen Elche Menschen an? In drei, vier Sekunden haben sie mich erreicht, der ich starr am Straßenrand stehe. Da mache ich einen Schritt nach links. Deckung im Unterholz? Wenig Schutz gegen 400 Kilogramm Elch. Eher die devote Geste des Aus-dem-Weg-Gehens. Es kommt anders. Die Elche erschrecken. Sie hatten mich nicht bemerkt. Wie in einem Trickfilm schlittern sie mit wilden Huftritten Halt suchend über den Asphalt. Das Wendemanöver aus vollem Lauf benötigt die ganze Breite der Straße und Mutter und Kind fliehen hinunter zum Fjord. Der ist sofort erreicht. Das kalte Element schreckt nicht. Ihre Flucht bremsen auch nicht die acht Grad Celsius Wassertemperatur. Zwei scheue Schritte mache ich in ihre Richtung hinterher: »Kommt zurück«, will ich damit sagen. Ganz gleichmäßig schwimmen die Elche. Ihre Köpfe heben und senken sich kaum. Ich schaue den zwei Punkten nicht lange nach — aus Angst, ihren Untergang mit ansehen zu müssen. Der Fjord ist hier drei Kilometer breit. Abends lese ich zur Beruhigung im Internet genau nach, was ich ahne: Elche sind sehr gute Schwimmer.

SCHEU

——— Die dünne Nachbarin ist sehr dünn. Sie wohnt unter uns. Ein separater Eingang führt in ihre Zweizimmerwohnung. Ich kann mir eine Wohnung unter unserer nicht vorstellen. Unter unserer Wohnung, keine 60 Quadratmeter groß, befinden sich eine Waschküche, ein Flur, ein Kellerraum. Und das Treppenhaus. Die Restfläche bleibt für die Wohnung der dünnen Nachbarin. Sie heißt Kristina und studiert Betriebswirtschaft, sagt Gry. Volkswirtschaft, meint Kyrre. Licht fällt in Kristinas Wohnung durch ein einziges Fenster. Würden alle Häuser in der Nachbarschaft über Nacht verschwinden, könnte Kristina durch ihr Fenster den Fjord sehen. Ich habe Kristina in sechs Monaten nur zweimal gesehen. Das erste Mal sind wir uns vor dem Haus begegnet. Ich schippe Schnee und sie schwebt vorbei, ohne einzusinken. Meinen überraschten Gruß erwidert sie mit einem kurzen Lächeln. Ihre Stimme habe ich nie gehört. Das zweite Mal sehe ich sie in ein Auto einsteigen. Sie muss eine Verabredung getroffen haben, die beide Parteien exakt eingehalten haben, denn das Auto wartet keine Sekunde, Kristina huscht an unserem Fenster vorbei, steigt ein und das Auto fährt los. Am Steuer sitzt eine Frau. Kristina wirkt durch ihre Frisur noch schmaler. Ihre Haare türmen sich zu einem hohen, fest gefügten Gebilde. Ähnlich einer Trockenhaube. Gry weiß zu berichten, dass Kristina vor ihrem Studium als Friseurin gearbeitet hat. Benoni og Rosa Frisørsalong, Strandtorget 1. Ihre Haarfarbe, braun, ist mit hellen Strähnen durchsetzt. Das klobige Frisurgebirge versteckt Kristinas Profil. Ihr schönes Gesicht: Man kann es nur direkt von vorn sehen.

MS NORDLYS

——————— Die Warteschlange windet sich aus dem roten Schiffsrumpf den Kai entlang. Es geht kein bisschen voran. Die Stimmung in der Schlange ist prächtig. Die paar Touristen fallen durch Ungeduld und ihre Kleidung auf. Sie haben sich mit den Möglichkeiten ihrer Reisegarderobe festlich gekleidet. Die Tromsøer tragen Tracht. Die norwegische Tracht unterscheidet sich regional. In Tromsø sind die Blusen nicht schwarz, das trägt man in Oslo, sondern rot. Gry wiederum, sie stammt von den Vesterålen, trägt Blau. Kyrre trägt keine Tracht. Ein sandfarbener Anzug kleidet ihn dem Anlass gemäß. Es wird gelacht in der Schlange, die sich nicht bewegt. Die Sonne strahlt vom wolkenlosen Himmel und sorgt für rot erhitzte Gesichter, hochgekrempelte Ärmel, geschulterte Jacken. Tromsøs wärmster 17. Mai seit 52 Jahren. Die Behörden warnen vor Waldbrandgefahr. In den vergangenen 51 Jahren war der Nationalfeiertag in Tromsø gleichbedeutend mit Schneeregen, der aus niedrigen Wolken fiel — die Musikkapellen schützten ihre Blasinstrumente unter Plastikfolie. Heute glänzen sie golden um die Wette. Jetzt kommt Bewegung in die Schlange. Gegengleich zu den aus dem Schiff strömenden Gästen schieben wir uns die Gangway hinauf. Auf Anweisung noch die Hände desinfiziert, dann führt man uns zu unserem Tisch: Wir schauen auf die weiß leuchtende Eismeerkathedrale, davor tiefblauer Fjord. Für die nächsten zwei Stunden ist das unser Ausblick zur Rechten. Das Büffet zur Linken. Noch zwei Stunden später sitzen hier wieder die Passagiere und gleiten weiter in den Norden.

TROLL

——— Der Nachbarsjunge von gegenüber heißt Gabriel. Ich schätze ihn auf acht Jahre. Auf seinem Fahrrad fährt er unsere Straße rauf und runter. Dafür braucht er 20 Sekunden. Das macht er fünfmal und die Rechnung geht auf: Ein Gefährte erscheint und erlöst ihn vom Alleinsein. Gabriel gibt Gas. Wild schlenkert das Fahrrad mit den kleinen Rädern von links nach rechts. Der Sattel gehört höher eingestellt. Mit erhitztem Gesicht bremst er vor seinem Freund. Das Fahrrad, ab jetzt nutzlos, landet im Gebüsch. Während sein Spielkamerad unentschlossen wirkt, springt Gabriel in die Vorgärten, schiebt Sträucher beiseite, sucht nach ungehobenen Schätzen und Inspiration fürs gemeinsame Spiel. Seine Mutter muss viele Hosen flicken. Unsere Besuchskatze, Svartpussi, flieht, wenn sich Gabriel nähert. Sie liebt die Ruhe. Eines Morgens sehe ich Gabriel. Seine dunklen Locken fehlen. Mutter oder Friseur waren am Werk. Beide sind gründlich vorgegangen, bis hin zum Rasierapparat. Schnitt auf Vorrat. Gabriels Tatendrang bleibt davon unberührt. Selbst die um einiges älteren Spielkameraden lassen sich von ihm mitreißen. Sie tun dann Dinge, die sie sonst nicht tun würden. Zum Beispiel Blumen pflücken. Seine Freunde zupfen zwei, drei Blümchen. Gabriel gibt alles. Abends sehe ich im Küchenfenster gegenüber einen Blumenstrauß in einer Vase stehen. Und im Wohnzimmer noch einen zweiten, größeren.

BLÅ ROCK CAFÉ

——————— Mit ausholenden Armen durchquert der junge Mann die zweite Etage. Schnell geht er die ersten Stufen der Treppe an. Den Schwung hat er aus dem dritten Stock mitgebracht. Er lacht. Lautlos. Strahlt, würde man also sagen. Die Menschen auf der Treppe strahlen zurück. Die Treppe ist voller Menschen. Links schieben sich die Gäste nach oben, rechts nach unten. Traumwandlerisch wankt er die Stufen hinab. Die letzte Stufe liegt im Schatten einer Säule. Ein Tritt ins Leere. Den Geschwindigkeitsüberschuss der übersehenen Stufe baut er mit drei, vier schnell getippelten Schritten ab. Wir sitzen auf ausrangierten Kinostühlen in der Zwischenetage. Unter uns, im Erdgeschoss, das Treiben an der Theke. Über uns, im ersten, zweiten und dritten Stock, die feiernden Abiturienten. Sie feiern, obwohl bisher keiner das Abitur bestanden hat. Die mündlichen Prüfungen stehen noch aus. Schuld ist die Verschiebung des Abiturprüfungstermins. Früher praktischerweise im Anschluss an den Nationalfeiertag. Jetzt feiern sie zweimal: am Nationalfeiertag den Ausblick auf das zu bestehende und drei Wochen später das bestandene Abitur. Die Treppe von unserer Zwischenetage nach unten ins Erdgeschoss ist nur halb so breit wie die nach oben in den ersten Stock. Ein Planungsfehler vielleicht. Ein Nadelöhr auf jeden Fall. Alle streben von der Theke mit Bier in den Händen nach oben. Zu Freunden. Oder zum Gucken nach Freunden. Oder eben nur zum Gucken. Und die, die runter zur Theke wollen, tun dies noch entschlossener. So entsteht ein unglaubliches Treiben. Ein Geschiebe. Doch ohne Aggression. Eine Gelegenheit für Blicke, Berührung, Lächeln. Der junge Mann, sicher auch er ein Abiturient, kommt zurück. Mit vier Bier in den Armen. Im

Fluss der Nach-oben-Strömenden schiebt es ihn über unser Zwischendeck. Der kurze Weg, der innere Radius, motorisch anspruchsvoll, ist nur etwas für Nüchterne. Auf den übrigen Bahnen werden die Bewegungslinien immer neu choreografiert. Durcheinandergemischt. Durch Zufall. Durch eine Lücke, in die jemand hineinstolpert. Oder jemand bleibt für eine Begrüßung stehen. »Hei Tore!«, rufen Stimmen laut im dritten Stock.

GRUPPENBILD

——————— Die Musiker kommen aus Beirut. Drei Brüder und zwei Cousins. Sie spielen US-amerikanische Countrymusik. In der Pause ihres Konzerts im Viktoria Fun Pub gehen sie zum Rauchen vor die Kneipe. Das Konzert ist gut besucht und auch die Stimmung ist gut. Die Musiker stehen draußen und ihre Zigaretten glimmen vor sich hin. Sie vergessen, an ihnen zu ziehen. Gebannt blinzeln alle in die tief stehende Sonne und ihre Schatten verschränken sich zu mikadoartigen Konstruktionen. Wie lange Schatten von fünf Giacometti-Figuren legen sie sich aufs Pflaster. Ein schönes Plattencover.

16:30 UHR

——————— Das spitz zulaufende Heck des Schiffs ragt aus dem Schatten des Scandic Ishavshotels. Vor dem Bug, in einem rechten Winkel, stülpt sich der kleine Hafen für Sportboote ein. Das weiße Dampfschiff liegt vertäut am oberen Ende des Hurtigrutenkais. Obwohl kein niedriges Schiff, ragt die Gangway waagerecht auf das Oberdeck, so wenig Wasser führt der Fjord. Der weiß gekleidete Steward am Kai neben der Gangway hat nichts Abweisendes. Dennoch halten Passanten respektvoll Abstand. Auf Deck stehen Holzliegestühle, von einem großen Stoffsegel vor der Sonne geschützt. Ich zähle zwölf Liegemöglichkeiten. Gerade ist die Crew beschäftigt, die Stühle um einen Couchtisch zu gruppieren. Es herrscht eine entspannte Geschäftigkeit. Man erwartet die Passagiere noch nicht zurück vom Landgang. 15:00 Uhr. Sie sind jetzt beim Empfang im Rathaus. Danach sieht das Protokoll den Spaziergang durch die Stadt vor. Links und rechts der Storgata säumen Passanten den Weg. Norwegische und schwedische Fähnchen werden geschwenkt, zuvor paritätisch verteilt. Auf Höhe des Burger-King-Restaurants stoppt der Zug planmäßig. Drei junge Mädchen turnen zu Musik an quer über die Fußgängerzone gespannten Tauen. Sie sind aufgeregt. Doch ihre Akrobatik gelingt ohne einen Fehler. Die

Choreografie klappt sogar besser als bei der Generalprobe Minuten zuvor. Als noch keine Königinnen und Könige zuschauten.

FARBCODE 143

——————— Kvaløya liegt im Nordwesten von Tromsøya. Beide Inseln sind mit einer Brücke verbunden. Autos und Radfahrer spült es die Brücke hinunter in einen Kreisverkehr. Wählt man im Kreisverkehr die nördliche Ausfahrt, enden die Häuser recht bald. Die Straße entfernt sich vom Fjord, um nach einem Schlenker wieder seine Nähe zu suchen. Sie wird schmaler und der Seitenstreifen bleibt unbefestigt. Das Fjellgras im Juni: beiges Fell, durchsetzt von dunkelbraunen Felsen. Ich steuere den Wagen durch eine Linkskurve. Ihr Scheitelpunkt liegt erhöht. Rechts bildet das Gras einen mannshohen Wall. Ein Haus taucht auf nach der Kurve. Auf der anderen Straßenseite, der Fjordseite, der Stellplatz fürs Auto. Der dichte Wall aus Fjellgras fließt in Landstraßengeschwindigkeit vorbei und das Dach eines alten BMW führt die Linie ohne Versatz fort. Daumenkino. Die Farben ändern sich nicht.

Ein Wechsel von Gras zu Lack, von Lack zurück zu Gras. Kaschmir-metallic kostete 1982 Aufpreis. Seit 31 Frühjahren macht es sich für alle Vorbeifahrenden bezahlt.

TEILEN

———— Durch Lücken im groß auf das Fenster aufgeklebten Logo des Burger-King-Restaurants schaue ich auf die Storgata. Gegenüber steht eine Parkbank. Die nördlichste Burger-King-Filiale der Welt hält keine Überraschungen bereit: weltumspannendes Sortiment — weltumspannender Geschmack. Auf der Bank draußen sitzt eine junge Frau und liest. Sie sitzt rechts und nutzt die aus Stahl gebogene, grün lackierte Armlehne. Sie liest konzentriert. Still sitzt auch die Möwe. Links auf der Bank. Auf der Rückenlehne. Ein Fotomotiv. Während die Frau liest, beginnt die Möwe ein wenig von links nach rechts zu spazieren. Diese aus den Augenwinkeln wahrgenommene Bewegung veranlasst die Frau, sich von ihrem Buch, das sie mit eingelegtem Finger schließt, ab und hin zur Möwe zu wenden. Möwe und Frau schauen sich an. In die

Stille der Blicke platzt die Frau mit einem Fuchteln, einem rudernden Armeschwenken, einem gezischten: »Kschsch!« Die Möwe nimmt Reißaus. Halb hüpft, halb segelt sie von der Parkbank — mit federnden Sprüngen ist sie zwischen den Fußgängern verschwunden. Die Frau liest weiter. Und da landet die Möwe auf der Rückenlehne. Keinen Möwenschrei gibt sie ab bei der Wiederbesiedelung der Bank. Ich sehe, dass die Frau über ihrem Buch zusammenzuckt. Sie entscheidet sich dafür, den Störenfried zu ignorieren. Doch ihre Konzentration auf die Lektüre wirkt aufgesetzt. Vor allem, weil die Möwe auf der Rückenlehne entschlossen hin- und herwatschelt. Die Frau schnellt hoch und stampft mit den Füßen auf. »Kschsch!« Ein Passantenpaar weicht zurück. »Kschsch! Kschsch!« Dabei bewegt sich die Frau in einem Halbkreis auf die Möwe zu. Die Möwe weicht parallel auf der Lehne aus. Nach dieser schön choreografierten Rochade sitzt die Frau nun links und die Möwe rechts. Mechanisch schlägt die Frau ihr Buch auf. Die Möwe beginnt zu watscheln. Lustwandeln oder Provokation? Letzteres: Flügelschlagend hüpft die Möwe auf die Sitzfläche. Die Frau erschrickt, steht auf. Ihre Arme hängen herab, das Buch in einer Hand. Sie wendet sich einem Pärchen zu. Mit Gesten untermalt klagt sie ihnen ihr Leid. Immer wieder zeigt sie auf die Möwe. Diese gibt sich unbeteiligt. Das Paar dreht die Köpfe zur Möwe, zur Frau zurück und geht weiter. Die Frau läuft vor der Bank auf und ab. Die Möwe tut es ihr auf der Bank gleich. Verteidigt die zu ihren Gunsten veränderten Machtverhältnisse. Sie hüpft nur ein wenig von links nach rechts, genug, um die Frau abzuhalten, sich wieder hinzusetzen. Die sucht erneut Hilfe. Der Mann lächelt und nickt. Die Attacke ist laut und heftig. Die Verstärkung hat ihre Sache gut gemacht. Die Frau hat nur mehr ein mattes »Ksch« beigetragen. Sie sinkt auf die Bank. Mechanisch blättert sie im Buch. Die Neugier aufs Geschriebene fehlt. Doch sie zwingt sich, dem Sieg im Kampf um die Bank Rechnung zu tragen, das verlorene Lesevergnügen einzulösen. Das Timing der Möwe ist grausam: Im Moment der Wiederaufnahme der Lektüre landet sie ganz dicht neben der Frau. Die schreit auf. Ein kurzer, heller, auch im Burger-King-Restaurant hörbarer Schrei. Und jetzt redet die Frau auf die Möwe ein. Worte, die sicher voller Vorwurf sind. Die Möwe antwortet nicht. Sitzt still. Die Frau verstummt. Ihr fällt nichts mehr ein. Oder ihr fehlen die Widerworte der Möwe. Sie steht auf und geht vor der Bank auf und ab. Dabei redet sie mit sich selbst. Die Möwe verweigert sich der Diskussion. Einige Passanten schauen irritiert. Und dann geht die Frau weg. Gibt auf. Die Möwe schaut ihr noch kurz nach, dann hüpft sie auf die Rückenlehne. Von dort ist die Aussicht ideal.

—— Kyrre steuert die Drohne souverän, eine Drohne mit vier Rotoren. Quadrokopter. Q-Drohne. Sie summt zufrieden. Ein hochfrequentes Summen. Ähnlich einem Elektrorasierer. Auch Kyrre ist zufrieden. Gelingt ein anspruchsvolles Manöver, etwa wenn die Drohne rücklings von knapp über dem Boden wieder in die Luft steigt, lächelt er. Ein sympathisches Lächeln. Während die Drohne durch die Luft mäandert, steht Kyrre unbeweglich. Die Fernsteuerung umgehängt. Standbein. Spielbein. Er steht auf der Straße am Ende der John Giævers gate. Dem Sund zugewandt. Nach einer Stunde sehe ich Kyrre andersherum stehen. Raumgreifende Flugmanöver über ihm haben ihn gedreht. Oder die Drehung ist Teil einer Choreografie. Eine ausgeklügelte Dramaturgie an Drehungen und Sturzflügen. Wie auch immer. Gry beendet Kyrres Spiel nach zwei Stunden. Essenszeit. Kyrre wirkt nicht ungehalten. Vielleicht legt er seine Choreografie auf zwei Stunden aus. Wie lange würde er die Drohne fliegen lassen, wenn Gry nicht zum Essen riefe? Denn es ist immer Gry, die das Drohnenspiel beendet, das Sirren ausschaltet. Zwei Stunden sind genug. Eines Abends, die zwei Stunden sind noch nicht um, steht ein Junge neben Kyrre. Kyrre zeigt dem Jungen die Manöver der Drohne. Dabei kommentiert er wenig.

Fragen des Jungen beantwortet er ohne Anflug von Angeberei. Der Junge ist gebannt. Mehr von Kyrres Hingabe als von der Drohne.

TUPFENKLEID II

——————————— Die Bastard Bar. Eine Bar im Souterrain. Ohne Fenster. Im Winter kein Problem. Für uns, beglückt von der Mitternachtssonne, ein Vorgriff auf die Finsternis. Wände, Decke, Theke. Alles schwarz gestrichen. Die Sitze: schwarzes Kunstleder und dunkel gebläute Stahlrohre. Die Bar gleicht einem US-amerikanischen Diner — nach einem Brand. Drei Frauen stehen hinter dem DJ-Pult, auf dem sich zwei Plattenteller drehen und darüber an der Decke eine Discokugel. Weiße Punkte spiegelt sie durch den Raum. Die Frauen tragen auch Punkte. Die eine ein weißes Kleid mit schwarzen, die zweite ein schwarzes mit roten und die dritte ein rotes mit schwarzen Punkten. Sie bewegen sich sparsam und lässig im Takt zur Musik, die sie auflegen. Die Musik ist gut, wird schneller und die Lichtpunkte tanzen über tanzende gepunktete Kleider und der Abend wird zum psychedelischen Moiré.

FLUGFELD

Mit ihren flachen Füßen stehen Möwen ungern auf Bäumen oder schmalen Giebeln. Sie bevorzugen Flachdächer oder waagerecht abgesägte Strommasten. Sie watscheln ungerührt durchs Gras der Vorgärten, über Autodächer und selbst über frequentierte Straßen. Ihre Hinterlassenschaften sind beträchtlich. In Flugschneisen empfiehlt es sich nicht, zu parken. Im Juni sind die jungen Möwen da. Ihr Gefieder ist noch braun. Flugunfähig spazieren sie umher. Selbst die Kleinen sind schon groß, größer als zum Beispiel eine Taube. Mir fällt auf, dass Grete in den letzten Tagen beim Verlassen ihres Hauses eine Plastiktüte über ihrem Kopf schwenkt. Nicht auf und ab, was eine Verabschiedung sein könnte, sondern in einem kreisförmigen Schwingen, als ahme sie einen Hubschrauber nach. Am Abend auf dem Rückweg aus der Stadt quere ich den Spielplatz mit dem bunten Klettergerüst. Auf einem der Strommasten sitzt eine Möwe. Gibt sich unbeteiligt, bleibt stumm, hat mich schon taxiert. Ich bin 20 Meter von ihr entfernt, als sie losfliegt. In dem Moment sehe ich die Zukunft voraus. Das Größerwerden des Tieres ist imposant. In Entfernung, auf Mast oder Dach, ein folkloristisches Element. Jetzt Bedrohung. Ich ducke mich. Zu früh? Zu Boden? Schlammig! Unangebrachte Sorge um

Hosenknie. Adrenalin rauscht in meinen Ohren. Ansonsten Stille. Noch nicht wieder aufgerichtet entdecke ich die Möwe auf dem Mast am anderen Ende des Spielplatzes. Starr und krumm verharre ich und beobachte sie genau. Die Möwe schaut nicht einmal zu mir herüber. Arrogant betrachtet sie den Fjord. Ich wäge ab zwischen Rückzug und Umweg über Jens Olsens gate und Mellomvegen und der geradeaus 100 Meter entfernten Haustür. Unschlüssig eine Entscheidung zu treffen, wage ich den ersten Schritt. Auf dieses Signal hat die Möwe gewartet. Fliegt los und nimmt mir die Entscheidung ab. Jetzt schreit sie auch. Das hätte sie nicht gebraucht. Ich bin im Bilde. Renne, schlenkere mit den Armen und versuche mich im Hakenschlagen. Ein rührendes Bild. Kein ernst zu nehmender Gegner.

EIFER

────── Ein grüner Kobold steht am Straßenrand der Balsfjordgata, einer ruhigen Straße mit Anwohnerverkehr. Sie verläuft parallel zur Hauptstraße, dem Strandvegen. In Sichtweite, Ecke Sjømannsgata, liegt der SPAR-Supermarkt. Klein an Fläche, doch gut sortiert und gut besucht. Viele fahren mit ihren Autos zum Einkaufen. Das ist in Tromsø nicht anders als anderswo. Am Ende des grünen Kobold-Plastikarms steckt in seiner knubbeligen Faust ein rot-weißes Fähnchen. Auf beiden Seiten steht: Drive carefully! Der Arm ist so konstruiert, dass er bei Wind winkt. Und Wind weht gern durch die Balsfjordgata. Meist aus Süden. Das Winkemännchen wird täglich platziert. Quer zur Straße, drei Meter vom Haus entfernt. Nur einmal sah ich es im Hauseingang verharren. Tatenlos. Dort konnte es nicht winken. Das Fähnchen hing schlaff. Die Botschaft eingerollt, unleserlich. Das Grün verschattet, matt. Am nächsten Tag, vorne an der Straße, winkte der Kobold wieder unermüdlich. Es steckt viel Eifer in diesem Winken, obwohl die Autos in Tromsø langsam fahren. Ganz selten erlebt man übermütiges Vollgas am Ortsende oder das europaweit beliebte Überholen von Auswärtigen. Auch sind die Strafen für zu schnelles Fahren sehr hoch. Vor allem lieben die Tromsøer, neben Burgern und Pommes, schwere und gemütliche Autos. Praktisch müssen sie auch sein. Unaufgeregt. Das Plastikmännchen winkt hektisch und grün schillernd. Mahnt an, was alle ohnehin tun. Der Gleichmut der Tromsøer lässt es gewähren. Kurz vor unserer Abreise sehe ich eine junge Frau das Winkemännchen in Position bringen. Sie telefoniert. Auf Deutsch.

AUFGEDREHTE SONNE

———————————— Ausdehnung der Dämmerung. Abendstunde wird zu Abendstunden. Schatten werden lang und länger. Und dann raubt kein Dunkel den Menschen ihre Schatten. 70 Tage Tag. Verloren gegangene Nacht. Wir konnten das Verschwinden der Dunkelheit hören. Möwengeschrei rund um die Uhr. Ein Staunen erfüllt die Touristen. Eine mitteilsame Freude die Einheimischen. Die Sonne weigert sich unterzugehen und die Möwen feuern sie an.

Belichtung

SONNENAUFSTAND

———————————— Nach Tromsø, Norwegen, führt uns Marcus Wichmann. 350 Kilometer nördlich des Polarkreises: Die nördlichste Kathedrale, die nördlichste Universität, die nördlichste Brauerei der Welt — Tromsø ist reich an solchen Superlativen. Auch die Sonne dreht auf und weigert sich zwei Monate lang, unterzugehen. 70 Tage Tag. In 32 Erzählungen und 32 Fotografien wirft Wichmann einen Blick auf das Leben in diesem Außenposten der bewohnten Welt.

Marcus Wichmann, 1968 geboren, lebt und arbeitet in Stuttgart. 1995 machte er seine erste Reise nach Norwegen. Viele weitere folgten. Seit 2005 unterrichtet Wichmann als Professor für Kommunikationsdesign an der Staatlichen Akademie der Bildenden Künste Stuttgart. *Sonnenaufstand* ist sein erstes Buch im Kerber Verlag.

IMPRESSUM

Sonnenaufstand

Autor: Marcus Wichmann
Gestaltung: Marcus Wichmann
Projektmanagement Kerber Verlag: Jennifer Albers
Lektorat: Sandra Romanini
Korrektorat: Katrin Günther
Schrift: FF Tisa Sans
Papier: Munken Polar

Die Deutsche Nationalbibliothek verzeichnet diese Publikation in
der Deutschen Nationalbibliografie; detaillierte bibliografische Daten
sind im Internet über http://dnb.dnb.de abrufbar.

Gesamtherstellung und Vertrieb:
Kerber Verlag, Bielefeld
Windelsbleicher Straße 166–170
33659 Bielefeld, Deutschland
Tel. +49 (0)5 21/9 50 08-10
Fax +49 (0)5 21/9 50 08-88
info@kerberverlag.com

Kerber-Publikationen werden weltweit in führenden Buch-
handlungen und Museumsshops angeboten (Vertrieb in Europa,
Asien, Nord- und Südamerika).

Alle Rechte, insbesondere das Recht auf Vervielfältigung und
Verbreitung sowie Übersetzung, vorbehalten. Kein Teil dieses Werkes
darf in irgendeiner Form ohne schriftliche Genehmigung des
Verlages reproduziert oder unter Verwendung elektronischer Systeme
verarbeitet, vervielfältigt oder verbreitet werden.

© 2015 Kerber Verlag, Bielefeld/Berlin, Marcus Wichmann

ISBN 978-3-7356-0116-2
www.kerberverlag.com

Printed in Germany